D. C. HARRIES

CASGLIAD O FFOTOGRAFFAU

D. C. HARRIES

A COLLECTION OF PHOTOGRAPHS

R. IESTYN HUGHES

Llyfrgell Genedlaethol Cymru
1996

CYFLWYNIAD

Mae technoleg fodern wedi ein galluogi i dynnu ffotograffau o safon dda yn rhwydd iawn ac yn weddol rad. Golyga camerâu awtomatig, ffilmiau o'r radd flaenaf a phrosesu cyflym gan siopau'r stryd fawr nad oes raid i'r person cyffredin wybod dim oll am y cyfrwng y mae ef neu hi'n ei ddefnyddio. Anelu, saethu, gadael y ffilm yn y fferyllfa am ryw hanner awr ac yna casglu'r lluniau gorffenedig. Does dim rhyfedd felly fod ffotograffiaeth yn cael ei chymryd yn ganiataol. I hyd yn oed y ffotograffydd proffesiynol a'r amatur brwd, mae'r rhan helaeth o'r dechnoleg a ddefnyddir trwy gydol y broses o greu llun erbyn hyn y tu allan i'w reolaeth. A yw'r rhwyddineb o dynnu a chreu lluniau wedi ein gwneud oll yn ffotograffwyr ysbrydoledig? Prin. Er bod ein *snaps* efallai'n fwy eglur a lliwgar nag o'r blaen, ychydig iawn ohonom sydd yn meddu ar lygad ac arddull ffotograffydd, nac ychwaith y wybodaeth a'r ddawn sy'n caniatáu i ni reoli'r ddelwedd orffenedig i'r eithaf.

Yn y gyfrol fechan hon, edrychwn yn ôl a rhyfeddu at gyfnod pan oedd y ffotograffydd, gan ddefnyddio technoleg ansoffistigedig, yn rheoli'r broses gyfan.

Mae'r ffotograffau hyn gan Mr. D. C. Harries o Landeilo yn dystiolaeth i lafur a dawn y ffotograffydd proffesiynol lleol ar droad y ganrif. Lluniwyd y delweddau sydd gennym o fywyd Fictoraidd ac Edwardaidd i raddau gan y ffotograffau sydd wedi goroesi i ddod yn rhan o'n profiad a'n bywydau ni heddiw. Daeth darluniau a oedd ar un adeg o ddiddordeb lleol yn unig, gyda threigl amser, i gynrychioli ffordd o fyw a chyfnod cyfan yng Nghymru a'r tu hwnt.

Un cwmni ymhlith nifer oedd D. C. Harries a'i Feibion, ond yn wahanol i'r rhelyw o ffotograffwyr a fu'n llafurio yn ystod rhan olaf y ganrif ddiwethaf a rhan gyntaf y ganrif hon, fe fu iddynt sicrhau y byddai eu llafur oes yn dod yn etifeddiaeth i'n cyfnod ni ac i'r dyfodol. Rydym yn ddyledus i'w gweledigaeth o adael eu negyddion i Lyfrgell Genedlaethol Cymru i'r oesoedd a ddêl. Mae negyddion D. C. Harries yn un o rannau mwyaf Casgliad Ffotograffau'r Llyfrgell Genedlaethol, sy'n cofnodi bywyd a datblygiad ffotograffiaeth yng Nghymru o gyfnod y ffotograffau cynharaf oll hyd at heddiw.

INTRODUCTION

Technology and mass manufacture have made the taking of good quality photographs very easy and relatively cheap. Auto-everything cameras, high definition films and ultra-fast high street processing mean that the layperson need know nothing whatsoever about the medium he or she is using. Point, shoot, leave the film at the chemist for thirty minutes and then take delivery of the finished image. No wonder photography is taken so much for granted. Even for professionals and dedicated amateurs, much of the technology used throughout the process of producing an image is now beyond their control.

Has this ultra-easiness of taking and making images made us all inspired photographers? Hardly. While our 'snaps' might now be sharper and more colourful than before, very few of us have the photographer's eye and manner, or the knowledge and skill which allows control of the finished product down to the finest degree. In this small volume we look back to a time when, armed with crude technology, it was the photographer who took complete control.

These photographs by Mr. D. C. Harries of Llandeilo are testimony to the labour and skill of the turn-of-the-century local professional photographer. The impression we have in our minds of late Victorian and Edwardian life has been shaped to no small degree by the photographs which have survived and transcended the generations to become part of our lives and experience today. What were at one time scenes of purely local interest have, with the passage of time, become representative of an entire way of life and period in Wales and beyond.

D. C. Harries and Sons were one company out of many, but unlike the majority of photographers who laboured during the first part of this century, they ensured that their life-work was to become a legacy for our time and beyond. We are indebted to their foresight in bequeathing Mr. Harries's negatives to the National Library of Wales for posterity. The D. C. Harries negatives form one of the largest parts of the National Library's vast Photographic Collection, which documents life and photography in Wales from the days of the earliest photographs right up to the present day.

BRASOLWG

Derbynnir yn gyffredinol mai 1839, yn dilyn cyfnod hir o egino, ydoedd 'blwyddyn geni' ffotograffiaeth. Yn y flwyddyn hon y datgelodd Louis Jacques Mandé Daguerre i'r byd fanylion am ei broses daguerroteip. Gan ddefnyddio lens a chamera syml, roedd wedi llwyddo i ddal delwedd 'gudd' ar blât metel a haen o arian arno. Trwy ddatblygu'r plât mewn anwedd arian byw a sefydlogi'r ddelwedd bositif a gynhyrchid â halwynau, daeth y ffotograff i fodolaeth. Mae delwedd daguerroteip yn edrych dipyn yn wahanol i'r ffotograffau yr ydym yn gyfarwydd â hwy heddiw ac y mae pob un yn unigryw, gan nad oedd cynhyrchu negydd yn rhan o'r broses. Tua'r un adeg ag yr oedd y manylion ynghylch y daguerroteip yn cael eu cyhoeddi, draw yn Lloegr yr oedd William Henry Fox Talbot yn gweithio ar ei ddyfais ffotograffig ei hun, y broses galoteip. Gyda chaloteip, defnyddir papur haenog i ddal yr olygfa, ac wedi iddi gael ei datblygu a'i sefydlogi, ceir delwedd negatif y gellir gwneud llawer o gopïau positif ohoni. Ond mae'r ddelwedd yn aneglur iawn, o'i chymharu â'r manylder a geir mewn daguerroteip, ond y broses negatif/positif hon yw sail ffotograffiaeth fodern. Gall Cymru fod yn falch o'i chyfraniad i fyd ffotograffiaeth a'i ddatblygiad. Roedd gwŷr a gwragedd o Gymru ymysg arloeswyr cynnar y cyfrwng wrth iddo ddatblygu o faes arbrofion gwyddonol i fod yn rhywbeth ymarferol. Un o'r arloeswyr cynnar pwysicaf oedd offeiriad o Abertawe, y Parchedig Calvert Richard Jones. Yr oedd Calvert Jones yn frwd iawn o blaid defnyddio'r caloteip. Yr oedd yn gyfeillgar gyda John Dillwyn Llewelyn - y ffigwr canolog ymysg grŵp o ffotograffwyr cynnar a elwid yn 'Gylch Abertawe', a chyda Fox Talbot ei hun. Yn wir yr oedd Charlotte, gwraig Dillwyn Llewelyn, yn gyfnither i Fox Talbot ac yn chwaer i Christopher Talbot o Fargam. Yn briodol ddigon, yr enghraifft gyntaf o ffotograff o

1. Castell Margam, daguerreoteip gan Calvert Jones 1841
Margam Castle, daguerreotype by Calvert Jones 1841

2. Ffotograff gan John Dillwyn Llewelyn tua 1850
Photograph by John Dillwyn Llewelyn c.1850

3. Caloteip gan Mary Dillwyn tua 1850
Calotype by Mary Dillwyn c.1850

4. Castell Rhaglan, print albwmen mawr gan Roger Fenton 1860
Raglan Castle, albumen print by Roger Fenton 1860

OVERVIEW

It is generally accepted that, after a long period of gestation, 1839 is the 'birth date' of photography. This was the year that Louis Jacques Mandé Daguerre had released to the world details of his daguerreotype process. Using a simple camera and lens, he was able to capture a hidden or 'latent' image onto a silver coated metal plate. By developing the plate in mercury vapours and fixing the resultant positive image with salts, the photograph was born. The daguerreotype image looks quite different from the photographs we know today and each is unique, there being no negative involved. In England, at the time the daguerreotype was announced, William Henry Fox Talbot was working on his own photographic invention, the calotype process. The calotype uses a coated paper to capture the scene, and when developed and fixed, provides a negative image from which many positive copies can be produced. The image is however very indistinct in comparison with the fine detail found in the daguerreotype, but it is this negative/positive process which is the foundation upon which modern photography has been built. Wales can be proud of its contribution to the development and practice of photography. Welsh men and women were amongst the earliest pioneers of the medium as it emerged from the realms of scientific experiment to become a practical application. One of the most notable of these early practitioners was a Swansea clergyman, the Reverend Calvert Richard Jones. Calvert Jones was an avid, almost obsessive calotypist, who was friendly with John Dillwyn Llewelyn - the pivotal figure in a group of early photographers known as the 'Swansea Circle', and with Fox Talbot himself. Llewelyn's wife Charlotte was indeed a cousin of Fox Talbot, and sister to Christopher Talbot of Margam. Aptly enough, the earliest dated example of a photograph from Wales is a daguerreotype

Gymru y gellir ei ddyddio yw daguerreoteip o Gastell Margam, a gynhyrchwyd gan Calvert Jones yn 1841. Yr oedd merch Dillwyn Llewelyn, Thereza Mary Dillwyn Llewelyn, hefyd yn ffotograffydd dawnus - un o'r merched cyntaf i weithio fel ffotograffydd.

I'r ffotograffwyr cynnar, cymhwyso gwyddoniaeth i gyfleu natur mewn modd celfyddydol oedd diben eu crefft, nid cynhyrchu deunydd y gellid ei werthu. Serch hynny, gwnaeth Fox Talbot ei hun yn siwr fod y patentau priodol ar ei broses ac yr oedd yn eithriadol o ofalus gydag agweddau cyfreithiol ei ddyfais. Yn wir, er iddo hawlio mai ef oedd prif hyrwyddwr ffotograffiaeth ei ddydd, fe wnaeth lawer i lyfetheirio datblygiad a defnyddio'r cyfrwng ym Mhrydain.

Hyd at ganol yr 1850au, roedd ffotograffiaeth yn rhywbeth a oedd yn gyfyngedig i ychydig o bobl broffesiynol dethol ac amaturiaid cefnog. Ond newidiodd y sefyllfa'n llwyr yn 1851 pan fu i ddatblygiad technolegol wneud ffotograffiaeth yn rhatach a mwy ymarferol. Yn y flwyddyn honno y cyhoeddodd Frederick Scott Archer broses ffotograffig newydd na cheisiodd gael patent arni, ac y gellid felly ei defnyddio'n rhwydd heb i'r rhai a'i defnyddiai orfod talu unrhyw dâl am drwydded. Roedd i'r broses golodion gwlyb lawer o bosibiliadau, ac fe'u gwireddwyd. Roedd yn cyfuno elfennau gorau'r daguerreoteip a'r caloteip, trwy gynhyrchu delwedd fanwl iawn y gellid, oherwydd ei bod yn seiliedig ar broses negatif/positif, ei chopïo yn ddiddiwedd. Llwyddodd i gyfuno'r rhinweddau hyn trwy ddefnyddio negydd plât gwydr a haen o gymysgedd 'colodion' arno. Wrth i'r broses ddod yn boblogaidd, hawliodd Fox Talbot ei bod yn rhan o'i batentau caloteip ef, gan fynnu taliadau trwydded sylweddol am ei defnyddio. Yn y diwedd fe'i heriwyd ar y mater mewn llys barn, ac fe gollodd yr achos.

Sefydlwyd stiwdios yma ac acw dros y wlad i gyd wrth i fath newydd o ffotograffydd, a oedd yn gobeithio gwneud bywoliaeth barchus, ddod yn gyffredin. Yn aml iawn, byddai'r ffotograffwyr hyn, a oedd wedi'u denu gan y gobaith am arian mawr, yn dysgu eu crefft 'wrth eu gwaith'. Er bod elfen o gelfyddyd yn perthyn i'r rhai a ddefnyddiai'r daguerreoteip a'r caloteip, ystyrid y math newydd o ffotograffydd yn fwy fel crefftwr nag artist.

Gyda'r broses golodion gwlyb yr oedd yn ofynnol cael amser datguddio hir - weithiau nifer o funudau - ac o'r herwydd yr oedd y delweddau a gynhyrchid yn aml yn ffug eu cyfansoddiad. Yr oedd y camerâu yn drwsgl iawn ac yr oedd prosesu'r platiau a'r printio, fel rheol ar bapur albwmen, braidd yn gymhleth. Golygai hyn nad oedd y rhan fwyaf o ffotograffwyr yn awyddus i dynnu lluniau allan yn yr awyr agored, nac ychwaith i dynnu lluniau pobl yn eu hamgylchedd naturiol, er bod lleiafrif pwysig wedi llwyddo i wneud hyn, gyda chanlyniadau hyfryd.

Datblygodd llawer o amrywiadau ac arddulliau o'r broses golodion gwlyb. Un o'r rhai pwysicaf yw'r ambroteip, 'daguerreoteip y dyn tlawd', lle defnyddid negydd wedi'i gannu ar gefndir du i roi argraff o ddelwedd bositif. Rhoddid y negyddion hyn mewn casys tebyg i'r rhai a ddefnyddid i ddal ac arddangos daguerreoteipiau, a'u gwerthu i wrthrych y ffotograff am tua swllt.

Datblygiad y *carte-de-visite* o ddiwedd yr 1850 ymlaen wnaeth ffotograffiaeth yn wir boblogaidd. Trwy ddefnyddio camera ac iddo sawl lens, a dyfeisiadau technolegol eraill, yr oedd yn bosibl cofnodi llawer o ddelweddau bychain ar un plât negydd. Byddai'r rhain yn cael eu hargraffu, eu torri a'u gludio ar gerdyn 4" wrth 2", a dyna greu'r 'cerdyn galw' clasurol. Byddai ffotograffwyr yn gwerthu portreadau *carte* o enwogion, ac erbyn yr 1860au yr oedd pobl oes Fictoria yn eu casglu'n awchus. Daeth ffurf arall, sef y cerdyn *cabinet* a oedd yn fwy, yn boblogaidd ac am lawer o flynyddoedd fe fu'r *cabinet* yn gyfystyr â thynnu portreadau ffotograffig.

Yn ystod y cyfnod hwn o ddatblygu ac ehangu cyffrous y dechreuodd John Thomas o Gellan yng Ngheredigion ei fusnes ffotograffig ei hun yn Lerpwl. Wedi gweithio

of Margam Castle, produced by Calvert Jones in 1841. Llewelyn's daughter, Thereza Mary Dillwyn Llewelyn was also a fine photographer, and one of the earliest women practitioners. The early photographers mostly saw their practice as the application of science to the artful rendition of nature, rather than as a saleable craft, though Fox Talbot himself ensured that his process was well defended by patents, and was notoriously litigious. Indeed, while claiming to be the arch advocate of photography, he did much that was to fetter the development and employment of the medium in Britain.

Up to the mid 1850s, the practice of photography was confined to a very select few professionals and well-to-do amateurs. This situation was to change radically, when in 1851 a technological development made photography a cheaper and more practical proposition. It was in that year that Frederick Scott Archer announced a new photographic process which he did not attempt to patent, and which could therefore be used freely without practitioners having to pay any licence fees. The wet collodion process promised and delivered much. It irresistibly combined the best elements of both the daguerreotype and calotype, by providing a highly detailed image which, based on a negative/positive process, could be copied innumerable times. It succeeded in combining these virtues by using a glass plate negative coated with a 'collodion' mixture. Just as the process gained in popularity, Fox Talbot claimed that it was covered by his calotype patents, and demanded very large licence payments for its use. He was eventually challenged in court on this account, and lost his case.

Studios sprang up all around the country as a new breed of photographer, intent on making a decent living, took up the baton. Very often these photographers, enticed by the hope of rich pickings, learnt their craft 'on the job'. While the daguerreotypist and calotypist had artistic leanings, the new breed were regarded more as artisan than artist.

The wet collodion process demanded long exposure times - often of several minutes - and the resultant images, though capable of being of very high technical quality, were often necessarily contrived in terms of composition. The cameras were very bulky and the processing of the plates and the printing, usually onto albumen paper, rather tricky. This discouraged the majority from taking outdoor scenes, or documenting their sitters in their natural context, though an important minority did accomplish this with stunning results.

Many variants and styles were developed from the wet collodion process. One notable derivative is the ambrotype, a 'poor man's daguerreotype', which used the bleached negative on a black background to give the impression of a positive image. These negatives were placed in cases similar to those used to hold and display daguerreotypes, and were sold to the sitters for around a shilling.

It was the development of the *carte-de-visite* from the late 1850s which helped make photography truly popular. By means of a multiple lens camera, and other technological advances, it was possible to record many small images on a single negative plate. These would be printed, cut and stuck onto a 4" by 2" card, thereby creating a classic 'calling card'. Photographers would sell *carte* portraits of notables, and by the 1860s the Victorian public collected them avidly. Another format, that of the larger *cabinet* card also became popular, and for many years the *cabinet* was synonymous with photographic portraiture.

It was during this era of frantic development and expansion that John Thomas of Cellan in Cardiganshire started his own photographic business in Liverpool. Having worked as a travelling salesman of *cartes-de-visite*, he was aware of an untapped market for photographs of personalities and scenes relevant to Welsh life. He not only worked from his studio base, producing thousands of *cartes-de-visite*, but notably travelled the length and breadth of Wales

fel gwerthwr teithiol *cartes-de-visite*, yr oedd yn ymwybodol fod yna farchnad barod ar gyfer ffotograffau a golygfeydd a oedd yn ymwneud â'r bywyd Cymreig. Gweithiai nid yn unig o'i stiwdio, yn cynhyrchu miloedd o *cartes-de-visite*, ond yn ogystal fe deithiodd ar hyd a lled Cymru yn tynnu lluniau pob mathau o olygfeydd a phobl, yn enwedig pobl â chysylltiadau anghydffurfiol.

Prynwyd tair mil o'i negyddion gorau gan O. M. Edwards ar gyfer y cylchgrawn, *Cymru*. Yn ddiweddarach, rhoddwyd y negyddion hyn i Lyfrgell Genedlaethol Cymru, lle cawsant eu hargraffu a'u rhwymo yn gyfrolau hwylus. Dyma rai o'r lluniau gorau sydd ar gael erbyn heddiw o fywyd yng Nghymru tua diwedd cyfnod Fictoria.

Fe fu i yrfa John Thomas rychwantu cyfnod y colodion gwlyb, hyd at y datblygiad pwysig nesaf, sef y 'plât sych', a ddyfeisiwyd yn ystod yr 1880au gan Dr. R. L. Maddox. Roedd y plât sych gelatin yn llawer haws i'w storio a'i brosesu na'r plât gwlyb, a golygodd hefyd y gellid cwtogi'r amser datguddio o rai munudau i ychydig o eiliadau. Tua'r un cyfnod, dyfeisiwyd cyfrwng printio newydd a gwell - papur bromid gelatin. Denodd y datblygiadau hyn genhedlaeth newydd i'r traddodiad ffotograffig cyfoethog, yn eu plith D. C. Harries o Landeilo.

Yr oedd David Harries (nid oedd y 'C' yn rhan o'i enw, ond yn hytrach cafodd ei hychwanegu i wahaniaethu rhyngddo a sawl David Harries arall a oedd yn Llandeilo ar y pryd) yn nodweddiadol o ffotograffydd mewn tref fechan ar ddiwedd y cyfnod Fictoraidd. Fel Thomas, roedd ganddo stiwdio fechan a ddefnyddiai ar gyfer portreadau ffurfiol, ond roedd hefyd yn teithio o gwmpas yr ardal yn cofnodi bywyd yn y gymdeithas glòs yn Sir Gaerfyrddin. Yn 1888, pan oedd tua dwy ar hugain mlwydd oed, sefydlodd ei stiwdio gyntaf yn Stryd Caerfyrddin, sy'n troelli'n serth i fyny o'r briffordd. Yn y stryd hon heddiw gwelir Ymddiriedolaeth Archeolegol Dyfed, swyddfeydd y

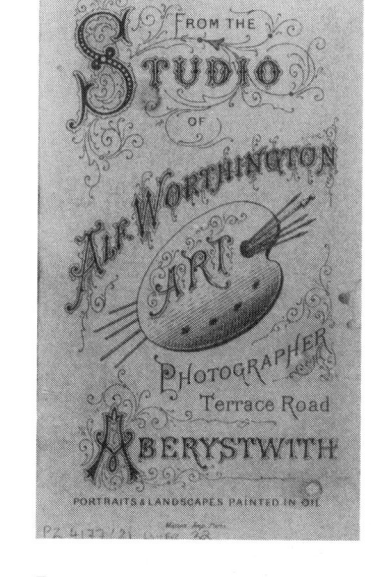

5. Ambroteip 1860
Ambrotype 1860

6/7. Esiamplau o *cartes-de-visite* tua 1880
Examples of *cartes-de-visite* c.1880

8. Arglwydd Penmachno, gan John Thomas 1880
'Lord Penmachno', by John Thomas 1880

photographing all kinds of scenes and persons, especially those with nonconformist connections. Three thousand of his best negatives were purchased by O. M. Edwards for use in his magazine *Cymru*. These negatives, an insider's view, were later donated to the National Library of Wales where they were printed and bound into accessible volumes. These now provide us with some of the finest images available of late Victorian life in Wales. John Thomas's work spanned the era of wet collodion, through to the next major development, that of the 'dry plate', which was invented during the 1880s by Dr. R. L. Maddox. The gelatine dryplate was much easier to store and process than the wet plate, and most importantly, dramatically reduced exposure times from a few minutes to a few seconds. During much the same period, a new and improved printing medium - gelatine bromide paper - was also devised. The advanced process drew a new generation into the rich photographic tradition, amongst them D. C. Harries of Llandeilo.

David Harries (the 'C' was not part of his name, but added to differentiate him from other David Harrieses in Llandeilo at the time), was typical of the late Victorian small town photographer. Like Thomas, he owned a small studio which was used for formal portraiture, but also travelled the district documenting the life and times of his close-knit Carmarthenshire community. At the age of around twenty-two, he established his first studio in 1888 in Carmarthen Street, which winds steeply up from the main thoroughfare. Today this street houses the Dyfed Archaeological Trust, Labour Party offices and a few small businesses, but still retains some of the character felt in Harries's photographs of the town. His Carmarthen Street business was one of around one hundred and forty-nine listed in Kelly's Directory for South Wales for the year 1914. This fateful year marked the peak period for the traditional photographer; the effects of the First World War, new technology - which put the taking of

Blaid Lafur ac ychydig o fân fusnesau, ond mae peth o'r cymeriad a welir yn ffotograffau Harries o'r dref yn para o hyd. Roedd ei fusnes yn Stryd Caerfyrddin yn un o tua chant a pedwar deg naw a restrwyd yng Nghyfarwyddiadur Kelly ar gyfer De Cymru yn 1914. Y flwyddyn dyngedfennol hon oedd y pinacl ar gyfer y ffotograffydd traddodiadol; achosodd effeithiau'r Rhyfel Byd Cyntaf, technoleg newydd - a barodd fod tynnu lluniau yn dod o fewn cyrraedd y bobl gyffredin - a'r dirwasgiad diweddarach ddirywiad graddol yn y galw am wasanaeth y ffotograffydd proffesiynol.

Nid Harries oedd y ffotograffydd cyntaf i weithio yn Llandeilo, ond yn hytrach Henry Howell o Stryd Gaerfyrddin. Er bod Howell yn ddiweddarach wedi gweithio yn Llanbedr Pont Steffan, mae'n debygol fod Harries wedi cymryd ei fusnes a'i adeilad yn Llandeilo. Yn 1884 yr oedd Howell yn un o chwe deg pedwar o ffotograffwyr yn ne Cymru. Yn 1891, roedd y nifer wedi cynyddu i saith deg saith. Yr oedd Harris yn parhau i fod yn Stryd Caerfyrddin yn 1895, yn un o naw deg erbyn hyn; yn 1901, roedd yn un o gant a phump ar hugain. Erbyn 1914 yr oedd wedi symud i adeilad ar safle gwell ar y brif stryd, sef Stryd Rhosmaen; yr oedd ganddo hefyd stiwdio fechan yn Stryd y Neuadd, Rhydaman, ac yn un o gant pedwar deg a naw (gweler platiau 3 a 4) yn y de. Erbyn 1923, er ei fod yn parhau i gadw'r stiwdio yn Rhydaman, roedd nifer y ffotograffwyr wedi lleihau i gant ac un ar bymtheg. Erbyn 1926, roedd wedi rhoi'r gorau i'r stiwdio yn Rhydaman, ac yr oedd nifer y ffotograffwyr a restrwyd wedi lleihau ymhellach.

Yn anffodus, ychydig iawn o dystiolaeth ddogfennol uniongyrchol sydd ar gael ynghylch Mr. Harries a'i fusnes teuluol, er bod nifer helaeth iawn o'i negyddion wedi goroesi, a'u rhoi yn gymynrodd i Lyfrgell Genedlaethol Cymru yn 1976. Mae'r ffotograffau hyn i ryw raddau yn 'siarad drostynt eu hunain', ac yn dystiolaeth am fywyd a gwaith D. C. Harries a'i Feibion,

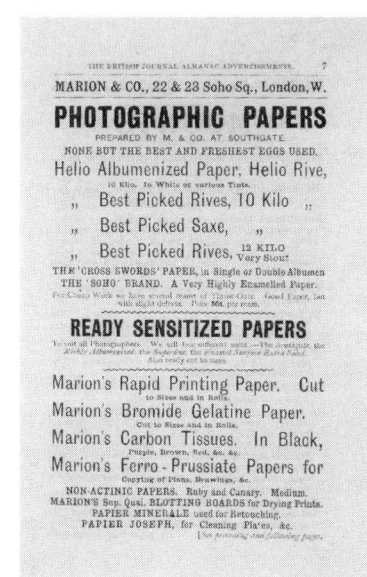

9. Cofnodi amgylchiadau'r Cymry, John Thomas 1880
Documenting the Welsh condition, John Thomas 1880

10. Hysbyseb am ddefnyddiau ffotograffig 1888
Advertisment for photographic materials 1888

11. Hysbyseb am gamera stiwdio 1888
Advertisment for studio camera 1888

photographs within the reach of the common man - and the later recession, caused a gradual decline in the call for professional photographic services.

The first photographer to be noted practising in Llandeilo was not Harries, but one Henry Howell of Carmarthen Street. Though Howell later practised in Lampeter, it is likely that Harries took over his business and premises in Llandeilo. In 1884 Howell was one of sixty-four photographers in the South Wales area. By 1891, Harries had his business there, and was one of seventy-seven practitioners. He was still at Carmarthen Street in 1895, now one of ninety; in 1901, one of a hundred and twenty-five. By 1914 he had moved to better sited premises on the main thoroughfare, Rhosmaen Street, and had a small studio in Hall Street, Ammanford, and was one of one hundred and forty-nine (see plates 3 and 4). By 1923, the number of photographers had declined to one hundred and sixteen, and by 1926 the Ammanford premises had been forsaken, and the number of photographers listed had dropped further. Unfortunately there is very little documentary evidence concerning Mr. Harries and his family business, though thankfully a very large number of negatives have survived, bequeathed to the National Library of Wales in 1976. These photographs to some extent 'provide their own testimony' as to the life and work of D. C. Harries & Sons, and of course, give evidence of the way of life lived by the people of Llandeilo district for a period spanning well over fifty years. The photographs however are not parochial in appeal, as they have a universal quality that transcends mere locality and touches all our pasts. They are a relevant and poignant indicator of life and of the human condition, and can teach us all, and be enjoyed by anyone.

From the evidence of the photographs, Mr. Harries's studio was typical for the latter part of the Victorian period. It was a room equipped with a framework

yn ogystal â bod yn dystiolaeth o ffordd pobl ardal Llandeilo o fyw am gyfnod o ymhell dros hanner can mlynedd. Nid yw'r ffotograffau yn blwyfol eu hapêl, gan fod iddynt rinweddau cyffredinol sy'n ehangach na'r ardal benodol hon ac sy'n cyffwrdd â gorffennol pob un ohonom. Maent yn dystion i fywyd beunyddiol a'r cyflwr dynol; gallant fod yn addysg i ni i gyd, a gall unrhyw un eu mwynhau.

O edrych ar y ffotograffau, ymddengys bod stiwdio Mr. Harries yn nodweddiadol o ddiwedd y cyfnod Fictoraidd. Yn yr ystafell yr oedd fframwaith y gellid rhoi cefndir wedi'i baentio arno, nifer o ategolion megis planhigion, boncyffion pren celfyddydol eu ffurf, grisiau cerrig ffug, beic, teganau, a'r camera, wrth gwrs. Byddai'r ystafell dywyll wrth ochr neu y tu ôl i'r stiwdio, lle byddai'r 'gelfyddyd dywyll' o ddatblygu ac argraffu delweddau yn cael ei chyflawni. Ni fu llawer o newid o ran cynlluniau stiwdio hyd at gyfnod y Rhyfel Byd Cyntaf. Nid ymddengys fod sefydliad Harries wedi newid fawr ddim yn y cyfeiriad hwn.

Roedd camera stiwdio yn fawr iawn ac yn llawer trymach na'r camera 'maes' diweddarach. Golygodd y camera maes, a fyddai'n codi braw ar y tynnwr lluniau cyfoes, y gallai Harries a'i gyfoeswyr ddianc o gyfyngiadau'r stiwdio. Mae'r ffotograff hardd (plât 1) sy'n dangos Mr. Harries a thri o'i feibion wedi'u hamgylchynu gan amrywiol gamerâu yn darlunio'n eglur natur drwsgl cyfarpar plât gwydr y cyfnod. Tynnwyd y rhan fwyaf o'r lluniau a welir yn y gyfrol hon y tu allan i'r stiwdio, gan ddefnyddio'r camerâu maes hyn.

Yr oedd gan Harries bedwar o feibion, ac yn ddiweddarach newidiwyd enw'r busnes i 'D. C. Harries a'i Feibion, Artistiaid Ffotograffig' ac fe agorwyd cangen yn Llanymddyfri. Hugh Newton Harries, yr olaf i farw o'r meibion, a roddodd yn gymynrodd i'r Llyfrgell Genedlaethol y casgliad enfawr o hen negyddion gwydr.

Pan aeth staff y Llyfrgell i ymweld â'r adeilad yn 1976 i gasglu'r eitemau, fe'u syfrdanwyd gan nifer y negyddion a oedd wedi'u cadw. Roeddent yn llenwi pob twll a chornel yn y stiwdio, yn ogystal ag adeilad arall gerllaw. Roedd rhai, yn enwedig rhai o'r storfa allanol, wedi'u pentyrru ar ben ei gilydd am gyhyd fel eu bod wedi mynd yn flociau solid, ac yr oedd lleithder wedi difrodi eraill. Serch hynny, yr oedd cymaint o negyddion fel bod miloedd yn dal mewn cyflwr da. Argraffwyd y rhai mwyaf diddorol a'u rhwymo'n gyfrolau y gellir pori ynddynt yn rhwydd yn y Llyfrgell. Diferyn yn y môr, megis, yw'r detholiad canlynol o blith y cyfan sydd ar gael, ac fe'u dewiswyd i gynrychioli'r cyfnod a'r pynciau yr oedd busnes D. C. Harries yn ymwneud â hwy. Argraffwyd y negyddion a gynhwysir yn y gyfrol hon gan ddefnyddio'r plât negatif cyfan ac nid ymyrrwyd â hwy mewn unrhyw ffordd.

12. Cefn cerdyn *cabinet* gyda hysbyseb D. C. Harries
Verso of a *cabinet* card, bearing an advertisment by D. C. Harries

structure capable of displaying a painted backdrop, a number of 'props' such as potted plants, artistically gnarled woodstumps, pastiche pallistrade, bicycle, toys, and of course, the camera. Close by would be the darkroom, where the 'black art' of developing and printing images would take place. Studio designs generally remained unchanged until the First World War, though the Harries establishment was slow to change even after that time.

While the studio camera was very large, the smaller 'field' camera liberated Harries and his contemporaries from the confines of the studio. The charming photograph (plate 1) showing Mr. Harries with three sons surrounded by cameras, amply illustrates the cumbersome nature of the glass-plate apparatus of the time. Most of the photographs in this volume were taken outside the studio, using these field cameras. Harries had four sons, and his business in due course became known as 'D. C. Harries and Sons, Photographic Artists' of Llandeilo and Llandovery. It was the last surviving son, Hugh Newton Harries, who bequeathed the huge collection of old glass negatives to the National Library. When Library staff visited the premises in 1976 they were astounded by the number of negatives which had been retained. They were packed into every nook and cranny of the studio premises as well as a nearby outhouse. Some from the outbuilding in particular, had been standing in tall piles for so long that they formed solid blocks, and others were severely damaged by dampness. However, such was the number, that thousands were still found in good condition. The most interesting of these have been printed-out and bound into volumes which can be browsed at the Library. The selection which follows is fraction of those available, and has been chosen to represent the timespan and subjects covered by the Harries's business. The negatives reproduced here have been printed using the whole negative, and no retouching has taken place.

Y TEULU HARRIES

THE HARRIES FAMILY

1. D. C. Harries a'i feibion ymysg amrywiol gamerâu, gan gynnwys modelau stiwdio a modelau maes i'w defnyddio'r tu allan.

1. D. C. Harries and sons posed with a variety of cameras, including studio and smaller field models.

2. D. C. Harries gyda merlen a thrap.

3. Y stiwdio yn Stryd Rhosmaen; siop ddillad merched Rig Out sydd yno nawr. Sylwer ar y bwthyn to gwellt yng nghanol y rhes dai.
" ... 'gardd yr hen Sue' oedd adeiladau'r Banc i gyd; bod Stryd Rhosmaen i gyd, o'r Banc Cynilo i fyny, yn cynnwys tai to gwellt eithriadol o dlawd, yn enwedig o safle tafarn bresennol y Railway i gyfeiriad y Trallwm ..." Cyfieithiad o ran o *Llandilo Past and Present*, gan W. Samuel. Caerfyrddin: Morgan a Davies, 1868.

2

2. D. C. Harries with pony and trap.

3. The studio in Rhosmaen Street, a site now occupied by Rig Out ladies outfitters. Note the thatched cottage in the middle of the terrace. "... the whole of the Bank buildings was 'gardd yr hen Sue'; that the whole of Rhosmaen-street, from the Savings Bank up, consisted of straw-thatched houses of the poorest description, especially from the situation of the present Railway Tavern in the direction of Trallwm..." From *Llandilo Past and Present*, by W. Samuel. Carmarthen: Morgan & Davies, 1868.

4. Stiwdio Rhydaman.

5. Cartref teuluol D. C. Harries, i fyny'r grisiau yn Stryd Rhosmaen. O'r chwith, Mrs. D. C. Harries, Hugh Newton Harries, Mrs. Yeoman Harries, Mr. Yeoman Harries, Mr. Glyn Harries a Mr. David Vincent Harries.

4. The Ammanford Studio.

5. The D. C. Harries family home, upstairs at Rhosmaen Street. From the left, Mrs. D. C. Harries, Hugh Newton Harries, Mrs. Yeoman Harries, Mr. Yeoman Harries, Mr. Glyn Harries and Mr. David Vincent Harries.

PORTREADAU STIWDIO A PHORTREADAU FFURFIOL

Creu portreadau yn y stiwdio oedd prif gynhaliaeth y ffotograffydd. Cyn dyddiau ffilm ar rolyn a'r camerâu Kodak cyntaf, roedd yn naturiol i bobl droi at stiwdio'r ffotograffydd er mwyn cael tynnu portread. Yn ystod cyfnod Fictoria, fe fyddent yn cael ffotograffau *carte* neu *cabinet* wedi'u gwneud er mwyn eu rhoi i deulu a chyfeillion. Achosodd y Rhyfel Byd Cyntaf ymchwydd dramatig mewn tynnu portreadau, gyda'r rhan fwyaf o'r milwyr oedd ar y ffordd i'r ffrynt yn cael eu tynnu yn gwisgo'u lifrai. Gallwn ddychmygu, mewn cyfnod mor ansicr, pa mor bwysig oedd y ffotograffau hyn i'r milwr, ei deulu a'i gariad.

Tynnodd busnes D. C. Harries filoedd o bortreadau, ond fel gyda'r rhelyw o'r negyddion, nid oes tystiolaeth ddogfennol ar gael i'n cynorthwyo i roi enwau i'r wynebau. Printiwyd sampl gynrychioladol o'r portreadau hyn, ac mae'r lluniau sy'n dilyn wedi'u dewis o blith y rhain oherwydd eu bod ymysg y delweddau mwyaf diddorol o'r portreadau.

STUDIO AND FORMAL PORTRAITS

Studio portraiture was the mainstay of the photographic business. Before the days of roll film and the ubiquitous Kodak camera, people would naturally turn to the photographic studio to have a formal portrait taken for all manner of reasons. During the Victorian era, they would have *cartes* or *cabinet* photographs made to give to friends and family. The First World War caused an upsurge of interest in having likenesses made, with most soldiers bound for the front lines having a portrait taken in uniform. One can well imagine that at a time of such uncertainty, how important the photograph was to the soldier, his family and sweetheart.

The Harries business took thousands of portraits, but as with the vast majority of the negatives in the collection, there is no documentary evidence available to help establish the identity of the subjects. A representative sample of these portraits has been printed and thus made available for public view. The examples which follow are some of the most visually interesting and intriguing from those which are available.

6. Plentyn yn eistedd mewn car modur tegan. Yr oedd yn beth cyffredin i ffotograffwyr gael teganau neu gelfi i'w defnyddio mewn portreadau o blant. Mae'r car model hwn yn un o ansawdd da iawn, llawer gwell nag enghreifftiau a welwyd o stiwdio sawl ffotograffydd arall.

7. Plant mewn gwisg ffansi o flaen cefndir wedi'i baentio. Mae'r het ac arni olau traffig yn dadlennu'r ffaith fod y ffotograff hwn yn llawer mwy diweddar nag y mae'r cefndir Fictoraidd yn ei awgrymu.

6. A child seated in a toy motor car. It was common for photographers to have toys available as 'props' to aid the composition of children's portraits. The model car in this instance is of extremely high quality, and far superior to examples seen from the studios of many other photographers.

7. Children in fancy dress set against a painted backdrop. The traffic light hat betrays the fact that this photograph is much more recent than the Victorian backdrop suggests.

8. Bonheddwr o'r cyfnod Edwardaidd gyda beic. Portread stiwdio nodweddiadol o'i gyfnod. Efallai bod ffurfioldeb y cyfnod Fictoraidd wedi meddalu, ond ni ellir cuddio ffalsrwydd y cefndir.

9. Mae'n siwr fod i'r ffotograff rhyfeddol hwn ystyr a pherthnasedd yn ei ddydd, er bod angen cryn ddychymyg i weld arwyddocâd y wisg frodorol Americanaidd ysblennydd sy'n cael ei gwisgo gan ddyn gwyn ag esgidiau sgleiniog o flaen cefndir nodweddiadol Ewropeaidd yn Llandeilo!

8

8. An Edwardian gentleman with bicycle. A typical studio portrait of the time. The formal staidness of the Victorian period may have mellowed, but there is no hiding the falseness of the rather inappropriate backdrop.

9. This bizarre photograph no doubt had meaning and relevance in its time, though we are left to ponder the juxtaposition of the magnificent native American dress worn by a white man with patent shoes before a standard European backdrop in Llandeilo!

10. Y mae llawer o enghreifftiau yng nghasgliad Harries o athletwyr, yn ddynion a merched, y tynnwyd eu lluniau yn y stiwdio. Ymddengys y cefndir, sy'n awgrymu'r olygfa o blas bonheddwr, braidd yn anaddas i'n llygad ni, ond dyna oedd arferiad yr oes.

11. Grŵp o athletwyr lleol tua 1900.

10. There are many examples in the Harries collection of athletes and sportsmen and women posed in the studio. The standard backdrop feigning the view from a stately home appears inappropriate to the modern age, but was the convention of the time.

11. A group of local athletes around 1900.

12. Grŵp o offerynwyr pres tua 1930.

13. Ysgol Fabanod Dre-fach, 1921. Nid yw'n ymddangos bod rhai agweddau ar gynnwys ffotograffau wedi newid mewn tri chwarter canrif.

12. Brass ensemble around 1930.

13. Drefach Infants School, 1921. Some aspects of photographic composition have evidently not changed in three quarters of a century.

14. Tîm rygbi Ysgol Llandeilo, 1924-5.

15. Tîm hoci Ysgol Llandeilo, tua'r un cyfnod.

14. Llandeilo County School rugby team for 1924-5.

15. Llandeilo County School hockey team around about the same period.

16. Mae'r ffotograff hwn yn anarferol o blith casgliad Harries oherwydd ei fod yn bortread ffurfiol a dynnwyd y tu allan, yn hytrach nag yn y stiwdio. Mae gwrthgyferbyniad rhyfeddol rhwng y teulu trwsiadus a'r cefndir llwm iawn. Sylwer ar y froits ddiddorol ar wddf yr hen wraig; efallai mai minatur a baentiwyd â llaw neu ffotograff a brintiwyd ar lestr neu fetel yw'r portread mewnol. Gan fod y gŵr bonheddig yn y llun yn eithriadol o debyg i D. C. Harries, awgrymwyd mai perthnasau iddo sydd yn y grŵp hwn.

17. Y mae gan Gymru draddodiad cyfoethog ym myd drama a cherddoriaeth amatur. Os oedd perfformiad y chwaraewyr hyn yn adlewyrchu'r gofal a gymerwyd gyda pharatoi eu gwisgoedd, yna byddai'r gynulleidfa yn siwr o fod wrth ei bodd.

16

16. This photograph is unusual for Harries in that it is a formally composed portrait taken out of doors rather than in the studio. There is a remarkable juxtaposition between the very well turned-out sitters and the most insalubrious setting. Note the interesting brooch on the matriarch's neck; the inset portrait may have been a hand painted miniature or quite possibly a photograph printed on ceramic or metal. As the gentleman in the picture bears a very striking resemblance to D. C. Harries, it has been suggested that the group may be related.

17. Wales has a rich amateur dramatic and music tradition. If the performance given by these players mirrored the care taken in the preparation of their costumes, the audience would have been delighted with the result.

18. Bachgen a merch, tua 1920. Ffotograff hyfryd, sy'n defnyddio'r ceffyl tegan yn effeithiol.

19. Gŵr ifanc ar gefn beic modur i mewn yn y stiwdio. Mae'r ffotograff hwn yn un dadlennol iawn, gan ei fod yn dangos sut y lluniwyd y cefndir a'r ochrau.

18. Boy and girl, c.1920. A charming photograph, making good use of the toy horse as a prop.

19. Young man on a motorcycle inside the studio. This photograph is particularly revealing, as it shows how the backdrop and sides were constructed.

BYWYD AR Y STRYD

Peth o'r gwaith mwyaf diddorol yn y casgliad yw'r lluniau niferus o ffenestri a'r tu mewn i siopau. Efallai na fyddem heddiw yn teimlo'r awydd i dynnu llun ffenest siop Boots neu Burton yn y dref, ac efallai bod Harries yn teimlo'r un fath pan gymerwyd y lluniau hyn. Ond mae bywyd a ffasiynau yn newid yn raddol, ac y mae'r hyn a gymerwn yn ganiataol heddiw yn destun chwilfrydedd i'r genhedlaeth nesaf.

STREET LIFE

Some of the most interesting work in the collection are the many photographs of shop fronts and interiors. While we might not feel inspired today to photograph the window of the local Boots or Burton's store, so it may have been for Harries when these pictures were taken. Changes in lifestyle and fashion creep upon us, and the mundane of today becomes the fascinating curio of the next generation.

20. Dewis anhygoel o hetiau 'boater' ffasiynol yn ffenest siop ddillad J. R. Evans, Stryd Rhosmaen, Llandeilo. Ailddatblygwyd y safle hwn ar gyfer Banc Lloyds.

21. Siop groser Jane Price yn Stryd Rhosmaen, perchennog M. A. John. Dengys y ffotograff hwn nad oedd y fwydlen ar droad y ganrif mor undonog ag y tybir yn gyffredinol - i'r rhai nad oedd yn brin o geiniog neu ddwy. Ceir yma ddewis o bysgod, ffesant, ffrwythau wedi'u mewnforio a siocled.

20. J. R. Evans outfitter of Rhosmaen Street, Llandeilo displaying an incredible range of trendy boaters. This site was re-developed for Lloyds Bank.

21. Jane Price's grocery store in Rhosmaen Street, proprietor M. A. John. A photograph revealing that the diet available at the turn of the century, to those who could afford it, was not as spartan as is sometimes presumed. Fish, game, imported fruits and chocolate make up this tantalising menu.

22. "Goleuwch eich nosweithiau tywyll gyda Hobbies. 2d bob dydd Mercher." Siop bapurau newydd Emerson Thomas a'i Fab, ar gornel Stryd Caerfyrddin a Stryd George. Mae gan yr un teulu siop ar y stryd fawr erbyn hyn. Hen bethau sy'n cael eu gwerthu ar safle'r hen siop y dyddiau yma. Credir i'r llun hwn gael ei dynnu tua 1920.

23. Stryd Rhosmaen - prif heol Llandeilo - fel ag yr oedd yn 1920. Rhaid oedd rhewi bywyd beunyddiol y stryd am rai eiliadau er mwyn i Harries allu tynnu'r llun hwn.

22 "Brighten the dark evenings with Hobbies. 2d every Wednesday". Emerson Thomas & Son, newsagents, at the corner of Carmarthen Street and George Street. The family descendants now have a shop on the main street. This site is now occupied by an antique business. c.1920.

23. Rhosmaen Street - Llandeilo's main thoroughfare - as it was in around 1920. Daily life in the street is paused for a few moments to allow Harries to take this picture.

24. Isaac Thomas a'i Fab, Masnachwyr Ymenyn, Tŷ'r Cornel, Llandeilo gyda'u lorri Napier, 16/20 h.p., 1914. Tynnwyd y llun tuag 1916. Sylwch ar y milwr - adref am seibiant o'r rhyfel, mae'n debyg. Casglwyd y menyn yn lleol a'i gludo gyda'r lorri i drefi poblog megis Llanelli, i'w werthu yn y siopau yno.

25. J. Jones, cigydd o Landeilo, yn dangos, gyda balchder, amrywiol ddarnau o gig. Byddai gwraig y tŷ yn defnyddio'r pennau moch sydd uwchben y drws i wneud brôn. Tua chanol y bedwaredd ganrif ar bymtheg, cynhelid naw Ffair Foch a chwe Ffair Wartheg a Buchod Corniog yn Llandeilo yn flynyddol.

24. Isaac Thomas & Son, Butter Merchants of Corner House, Llandeilo, with their 1914, 16/20 h.p. Napier lorry. c.1916. Note the serviceman, presumably home from the war, looking on. Butter would be collected locally and carried by lorry to populous areas such as Llanelli, for sale in the shops.

25. J. Jones, butcher, proudly displaying a range of cuts and carcasses of local meat. The pigs' heads above the door would be used by the housewife to make brawn. During the middle of the nineteenth century, nine Pig Fairs and six Cattle and Horned Cattle Fairs were held each year at Llandeilo.

26. Fferyllfa Luther Bye yn Stryd y Cei, Rhydaman. Er bod llawer o foddion parod ar gael, byddai'r fferyllydd yn amlach na pheidio yn cymysgu moddion - i bobl neu anifail - o'r amrywiol gynhwysion cemegol a welid ar y silffoedd.

26. Luther Bye Pharmacy, Quay Street, Ammanford. While many patent medicines were readily available, the pharmacist would more often than not mix a human or veterinary medicine from the variety of chemical substances lining the shelves.

BYW AR Y STAD

Roedd bywyd yng nghefn gwlad Cymru yn cael ei reoli i raddau helaeth gan nifer o stadau mawrion, ond lleihaodd eu dylanwad yn raddol yn ystod y blynyddoedd a ddilynodd y Rhyfel Byd Cyntaf. Arweiniodd effeithiau trychinebus y rhyfel ar boblogaeth y wlad, a chyflwyno trethi ar farwolaeth, at ddechrau'r diwedd ar ffordd freintiedig a threfnus o fyw. Dengys ffotograffau D. C. Harries nid yn unig fywyd bonheddig ar ei anterth ond hefyd ddirywiad diweddarach y tai mawrion megis Glanbrân, plas urddasol a adeiladwyd yn 1777 ond a dynnwyd i lawr yn 1930.

THE COUNTRY ESTATE

Life in rural Wales was dominated to a great extent by a number of large estates, but their influence declined gradually during the years following the First World War. The disastrous affects of the war on the demography of the country and the introduction of death duties marked the beginning of the end for a privileged and ordered way of life. D. C. Harries's photographs show not only the heyday of gentry life, but also the later decline of fine houses, epitomised by Glanbrân, a Palladian Bath stone mansion built in 1777 which was dismantled in 1930.

27. Glanbrân yn yr eira. Perchennog y tŷ oedd Isaac Haley, diwydiannwr o Loegr a chyfaill i Harries, yntau hefyd yn ffotograffydd amatur medrus iawn. Mae llawer o'i negyddion ymhlith casgliad D. C. Harries.

28. Mr. Isaac Haley, Glanbrân, y tu allan i'r plas.

27. Glanbrân in the snow. The house was owned by Harries's friend Isaac Haley, an English industrialist, who himself was a very accomplished amateur photographer. Many of his negatives are to be found in the Harries collection.

28. Mr. Isaac Haley of Glanbrân outside the mansion.

29. Merched gyda bwa a saeth - yn Glanbrân, mae'n debyg. Dyma'r darlun mwyaf anghyffredin o blith nifer o luniau'n ymwneud â saethyddiaeth, gan ei fod yn cynnwys yr hen wraig yn eistedd gyda'i gwaith les.

30. Y tu mewn i Glanbrân. Yr hyn a ystyrid heddiw yn stydi anghynnes! Mewn ffotograffau eraill, mae'r arth anffortunus ar y dde yn cael ei ddefnyddio i ddal golau trydan.

29

29. Ladies' archery, probably taking place at Glanbrân. Of several archery studies, this is the most unusual as it includes the seated matriarch, posing with her lacework.

30. Inside Glanbrân. What would be regarded today as a very gruesome study! Other photographs in the collection show the unfortunate bear on the right being used to hold up an electric light.

31. Ystafell hardd y tu mewn i Glanbrân.

32. Diwedd cyfnod. Mae'r ystafell ym Mhlas Glanbrân yn wag; daeth cyfnod o gant a hanner o flynyddoedd o fyw yn y plas i ben.

31. A fine room inside Glanbrân.

32. The end of an era. The same room stands empty at Glanbrân mansion, signifying the end of around one hundred and fifty years of occupation.

32

33. Garddwyr yn trin y lawntiau ar stad anhysbys. Sylwch ei fod yn cymryd dau o bobl i weithio'r torrwr gwair - un yn gwthio a'r llall yn tynnu'r rhaff ar y tu blaen. Weithiau defnyddid ceffyl i dynnu'r torrwr gwair, gan adael y garddwr i ganolbwyntio ar gadw llinell syth.

34. George Barnes, prif gipar stad Dinefwr, tua 1900. Delwedd synhwyrus o wladwr ymroddedig; byddai ef, fel prif gipar, yn un o'r gweision uchaf ei barch ar y stad. Er bod ei ddillad, ei osgo a'i wn yn arwyddion o statws balch y cipar, olion gwaith caled yn agos at y pridd sydd ar ei ddwylo.

33. Gardeners tending lawns on an unidentified estate. Note that it took two persons to work the mower - one pushing and the other pulling the rope at the front. A horse would sometimes be used to draw the mower, leaving the gardener to concentrate on keeping a straight line.

34. George Barnes, head gamekeeper on the Dynevor estate, c.1900. An evocative image of a dedicated countryman who, as head game-keeper, would have been one of the most trusted servants on the estate. While the clothes, stance and gun reveal the proud status of the keeper, the hands betray a lifetime of hard work close to the soil.

BYWYD A CHYMERIADAU CEFN GWLAD

"Mae pobl Sir Gaerfyrddin yn dawel iawn yn naturiol, ac yn fwy deallus na thrigolion llawer Sir arall. Gellid rhesymu unrhyw beth â hwy, a byddai'n haws cyflwyno gwelliannau iddynt nag i lawer o rai eraill yr wyf yn eu hadnabod, oherwydd nid ydynt yn glynu'n rhagfarnllyd wrth hen arferion neu draddodiadau: maent yn dechrau cael ffyrdd da, mae ganddynt rai porthladdoedd da, ond maent yn llafurio o dan anfanteision dybryd ..."
Cyfieithiad o ran o *Sylwadau ar Amaethyddiaeth, a wnaed yn ystod taith trwy rai rhannau o Forgannwg a Sir Gaerfyrddin fis Mehefin 1796*, gan Edward Williams.
Llsgr. LLGC 13115 B
Dengys y grŵp nesaf o ffotograffau werin y sir wrth eu gorchwylion beunyddiol - yn gwyngalchu muriau eu bythynnod, yn garddio, yn corddi, yn lladd gwair, yn medi neu yn cerdded eu preiddiau i'r farchnad. Bywyd gwahanol iawn i'n bywyd ni a welir ynddynt, gyda gwahanol ofynion a gwahanol ddisgwyliadau.

COUNTRY LIFE AND CHARACTERS

"The Carmarthenshire people are naturally very docile, and are intelligent beyond those of many other Counties. They could be reasoned into almost anything, it would be less difficult to introduce improvements amongst them than amongst many others I know, for they are not biggoted to old habits or customs: they begin to have good roads, they have some good seaports, but they labour under great disadvantages ..."
From *Agricultural Observations made in a journey thro some parts of Glamorgan and Carmarthenshire in June 1796*, by Edward Williams.
NLW MS 13115 B
The following group of photographs show Carmarthenshire folk going about their daily lives - whitewashing the walls of their cottages, gardening, churning butter, cutting hay, reaping or walking their flocks to market. They show a life lived at a different pace to ours, with different demands and different expectations.

35. Grŵp hela'r Gelli Aur, tua 1925. Mae ymarweddiad y grŵp ymhell o fod yn groesawgar - yn wahanol i'r rhan fwyaf o wrthrychau camera Harries.

36. Helfa lwynogod yn cael ei harwain gan y Cyrnol Delme Davies Evans, ym Mhen y banc, ger Llandeilo tua 1925. Un agwedd ar fywyd gwledig, yr oedd iddi gysylltiad agos ar un adeg â bywyd y stad, nad ymddengys ei bod wedi newid llawer drwy gydol y ganrif.

35

35. Golden Grove hunting party, c.1925. The demeanour of the group appears far from welcoming - not an attitude caught often by Harries's camera.

36. Fox hunt lead by Col. Delme Davies Evans, at Pen y banc, near Llandeilo, c.1925. One aspect of rural life, closely linked at one time to estate life, which has outwardly changed little throughout the century.

36

37. Yr oedd llawer o fythynnod yn ardal Llandeilo â'u muriau wedi'u gwyngalchu o dan do gwellt. Roedd gwyngalchu, gorchwyl blynyddol fel arfer, nid yn unig yn waith brwnt ond hefyd yn annifyr gan fod y calch yn llosgi'r croen.

38. Garddwr un o'r bythynnod yn cario toriadau mewn nithlen.

37. Many cottages in the Llandeilo area once had whitewashed walls under a thatch roof. Whitewashing, a messy, usually annual undertaking, was also unpleasant as the lime in the wash burned the skin.

38. A cottage gardener carrying cuttings in a winnowing sheet.

39. Corddwr. Gwaith caled i wraig y fferm a newyddbeth, am ychydig, i blant a oedd ar ymweliad oedd corddi, ac roedd angen cryn grefft i'w wneud yn llwyddiannus.

40. Lladd gwair. Goroesodd nifer o'r peiriannau hyn oes y ceffyl, ac fe'u haddaswyd ar gyfer tractor. Yn wahanol i'r peiriannau modern, cyllill a oedd yn symud yn ôl a blaen ddefnyddid yn y peiriannau hyn. Byddai angen hogi'r llafn yn aml gyda maen, a gofalu peidio â mynd yn rhy gyflym. Mae'r dyn ar y chwith yn gafael mewn 'rhaca deuben' a gysylltir yn fwy gydag ardal Llandybïe nag ardal Llandeilo.

39. The butter churn. Hard work for the farmer's wife and a novelty which soon wore off for visiting children, churning butter on the farm was at once a chore and a skill.

40. Hay cutting. Many of these trailing engines outlived the horse and were adapted to be drawn by tractor. Unlike modern rotary cutters, these engines used a serrated blade which was moved back and forth within a groove. To avoid clogging, the blade required frequent sharpening with a grit or a fine file, and a careful judging of pace by the team. The gentleman to the left holds a 'double headed' rake, associated more with the Llandybie area than Llandeilo.

41. Dechrau oes y tractor - beindar yn cael ei dynnu gan dractor cynnar - sylwer ar yr olwynion metel. Roedd y peiriant yn gallu cyflawni dau orchwyl - torri'r ŷd a'i rwymo'n ysgubau - tasgau lle gynt y byddai angen cymorth nifer o gynorthwywyr.

42. Ffatri Gaws ac Ymenyn, Ffairfach; cyflwyno dulliau gweithgynhyrchu i ddiwydiant a fu unwaith ynghlwm wrth fferm a thyddyn. Yn ddiweddarach fe ddaeth yr adeilad yn hufenfa i'r CWS.

41

41. The beginnings of tractor power - a binding machine being pulled by an early tractor - note the finned metal wheels. The machine carried out two manual tasks - the cutting of the corn and it's binding into bushels - tasks which previously required the assistance of a number of helpers.

42. Llandilo Butter and Cheese Factory at Ffairfach, bringing mass production methods to what had been a cottage industry. The building later became a CWS creamery.

43. Golygfa dawel ger y Moreb ar y ffordd i Gastell Dinefwr, tua 1900.

44. Cneifio defaid yng Nglanbrân.

43. A tranquil scene near The Moreb on the way to Dynevor Castle, c.1900.

44. Sheep shearing at Glanbrân.

44

45. Mr. Daniel Harris, o dafarn yr 'Hope', yn gyrru defaid dros bont hardd Llandeilo, tua 1910 "... cynhelir ffeiriau Llandeilo, yn fawr ac yn fach, yn y fynwent fawr, gyda'r cerrig beddau yn fyrddau i'r cyfnewidwyr arian - a masnachwyr pob math o nwyddau - yn ystod y dydd, ac ar gyfer pob math o rialtwch a chadw twrw yn ystod y nos ..." Cyfieithiad o ran o *Llandilo Past and Present*, gan W. Samuel. Caerfyrddin: Morgan a Davies, 1868.

46. Ers talwm roedd gweld tinceriaid a sipsiwn yn crwydro Cymru yn beth cyffredin iawn. Er bod gan lawer syniad rhamantaidd am eu bywyd crwydrol, dengys y llun hwn wir realaeth eu bodolaeth prin, tua 1910.

45

45. Mr. Daniel Harris of 'The Hope' tavern driving sheep across Llandeilo's fine single span bridge, c.1910 "... the Llandilo fairs great and small were held in the one large churchyard, the tombstones serving for tables for the money changers - and for trafficers in all manner of wares - by day, and for all manner of revels and riot by night..." From *Llandilo Past and Present*, by W. Samuel. Carmarthen: Morgan & Davies, 1868.

46. Gypsies and tinkers were once a common sight throughout Wales. The romanticised view often held of their itinerant lifestyle contrasts starkly with the cold reality of their meagre existence as shown here. c.1910.

47. Hogi. Ffotograff anghyffredin yn dangos pladur yn cael ei hogi ar faen a yrrid gan ddŵr o'r afon. Trawsnewidiodd y camera y dyfroedd yn llif gwyn breuddwydiol.

48. Thomas Leyshon, Masnachwyr Coed, yn symud coed. Roedd torri coed yn ddiwydiant pwysig yn yr ardal am dros ganrif. Ystyrid torri a chario'r coed mawr yn gryn grefft, fel y dengys Twm o'r Nant yn ei hunangofiant; bu ef yn gweithio fel cariwr yn yr ardal am lawer o flynyddoedd. "Buom felly yn dechreu bwrw ein henflew yn rhyfedd, a ninnau yn cario coed mawr iawn, na welwyd ar olwynion yn y wlad hono mo'u cyffelyb, nac yn odid o wlad arall, am a glywais i. Llawer o goed a lwythais, ac aethum i ben eu siwrnai; rhai yn 100 troedfedd, a 150, a 200, yn un darnau; a'r mwyaf oeddynt yn ei alw brenhinbren, oedd yn 244 troedfedd ... minnau a godais y crane uwchben ei flaen ef, ac fe'i cododd y ceffylau ef yn esmwyth ... yna myned i'r ffordd, ac i Gaerfyrddin, heb gymaint a thori três". *Hanes Bywyd Thomas Edwards, y bardd (alias Twm o'r Nant)* Caernarfon: H. Humphreys, d.d.

47

47. Honing. An unusual photograph showing a scythe being honed on a gritwheel which is driven by a race taken from the river. The long exposure time has turned the waters into a dreamy white flow.

48. Thomas Leyshon, Timber Merchants, removing felled trees. Tree felling was an important industry in the area for over a century. Great pride was taken in the craft of felling and carrying the large timbers, as revealed by the poet Twm o'r Nant, who worked as a carrier in the district for many years."We thereby began to grow our silver hairs in strange manner, carrying very large trees, their kind never seen upon wheels in that area, or even in any other country as far as I have heard. I loaded many trees, and took them to the end of their journey, some 100 feet, and 150, and 200, in single pieces, and the largest of all which they called the 'kingtree', which was 244 feet ... I raised the crane above it's end and the horses lifted it smoothly ... then to the road, and on to Carmarthen, without even breaking a trace". Translated from *Hanes Bywyd Thomas Edwards, y bardd* (*alias Twm o'r Nant*). Caernarfon: H Humphreys. n.d.

49. Ystrad Ffin, efallai. Mae'r ddwy goeden fawr o bobtu'r lôn wedi eu gwyngalchu, er mwyn bod o gymorth i gerbydau gwan eu golau yn y tywyllwch, mae'n debyg.

50. Adeilad anhysbys yn cael ei helaethu yn y dull traddodiadol. Tynnodd Harries lawer o luniau o newidiadau a gwelliannau i adeiladau. Mewn cymunedau clòs lle nad oedd newid yn digwydd yn aml nac yn gyflym, byddai gwelliannau o'r fath yn creu llawer mwy o ddiddordeb nag y byddent heddiw.

49. Possibly Ystrad Ffin. The two large trees astride of the lane have been whitewashed, probably to aid the passage of dimly lit vehicles in the dark.

50. An unidentified property being substantially extended in the traditional manner. Harries took many photographs of change and improvements to properties. In a close-knit community where change was slow or uncommon, such improvements would engender far more interest and comment than would be the case today.

51. Trwsio to gwellt adeilad anhysbys.

52. Gŵr oedrannus a merch ifanc yn trwsio to gwellt adeilad anhysbys.

51. Repairs to the thatch of an unidentified property.

52. Elderly gentleman and young lady repairing the thatch on an unidentified property.

52

53. Golygfa wledig.

54. Golygfa o'r stryd yng Nghil-y-cwm, tua 1910.

53. Unidentified rural idyll.

54. Street scene, Cil-y-cwm, c.1910.

55. Tafarn y Bwthyn, neu 'Tafarn Jem' ar y ffordd i Lanbed. Dyma eiriau Ap Lewis am y dafarnwraig Jemmah Davies:

Hi safai fel y dur,
Modryb Jem, Modryb Jem.
Dros egwyddorion pur,
Modryb Jem;
Rhyddfrydig ei daliadau
Brwd enbyd oedd ar brydiau,-
Ymron hyd at y dyrnau,
Modryb Jem, Modryb Jem.

56. Llanymddyfri, a Neuadd y Barceriaid. Er mai ffotograffydd y bywyd gwledig a bywyd tref farchnad oedd D. C. Harries yn bennaf, bu ganddo hefyd stiwdio yn Rhydaman am rai blynyddoedd; mae nifer o'i ffotograffau wedi'u tynnu yn yr ardal honno, a oedd yn enwog am ei glo caled.

55. The Cottage Inn, better known as 'Tafarn Jem' near Lampeter. 'Jem' refers to Jemmah Davies the licensee and the subject of the following translation of a rhyme by Ap Lewis.

She stood her ground like steel,
Aunty Jem, Aunty Jem.
For principles so pure
Aunty Jem;
While of Liberal persuasion
And so fervent on occasion
To the point altercation
Aunty Jem, Aunty Jem.

56. Llandovery, with 'Tanners' Hall' facing. Though primarily a photographer of market town and rural life, D. C. Harries also had a studio in Ammanford for several years, and a number of his photographs are from that area, renowned for its anthracite coal.

56

57. Glowyr yn dod i fyny o bwll Pant-y-ffynnon, Rhydaman.

58. Wagenni glo o Bwll y Rhos, Rhydaman. Er efallai bod y darn bach gwyn ar waelod y llun yn ymddangos yn nam ar yr olwg gyntaf, mwg ydyw o'r 'Margaret', sef trên stêm bach a oedd wrthi'n brysur yn symud tryciau. Tua 1912.

57. Colliers coming to the surface at Pantyffynnon Colliery, Ammanford.

58. Coal wagons from the Rhos Colliery, Ammanford. The white whisp at the bottom of the photograph, which at a cursory glance looks like a blemish, is the smoke from the small steam locomotive 'Margaret', busily shunting trucks. c.1912.

59. Chwarel galch yn Llanybïe, tua 1910.

60. Canolfan Drwsio Esgidiau, Rhydaman a Phant-y-ffynnon. Byddai dipyn o draul ar esgidiau'r gweithwyr, yn enwedig yn y pyllau glo, a go brin y gallai'r dynion fforddio prynu rhai newydd. Yr unig beth amdani fyddai cael eu trwsio dro ar ôl tro ac felly roedd galw am rai oedd yn trwsio esgidiau yn y canolfannau diwydiannol er mwyn diwallu'r angen hwn.

59. Limestone quarrying at Llandybïe, c.1910.

60. 'Major's Boot Repair Depot, Ammanford and Pantyffynnon'. Workingmen's boots, especially in the collieries, would receive severe treatment, and the men could ill afford to have them replaced. The only remedy would be to have them repaired over and again, hence the need for boot repairers in the industrial centres to cater for the large demand.

DIGWYDDIADAU

Cofnodwyd rhai cannoedd o ddigwyddiadau yn y casgliad, er bod amser wedi dileu'r dystiolaeth pryd ac ymhle y digwyddodd y rhan fwyaf ohonynt. Serch hynny, er nad yw'r manylion yn llawn gennym, erys y delweddau i roi i ni argraff o fywyd yn hanner cyntaf y ganrif hon.

Rhan o waith 'bob dydd' ffotograffwyr hyd heddiw yw cofnodi defodau'r gymdeithas, priodasau yn arbennig. Er bod tynnu ffotograffau o seremonïau bedyddio hefyd yn gyffredin heddiw, awgryma tystiolaeth nad oedd hyn yn wir yng nghyfnod D. C. Harries, er bod lluniau o fabanod yn gyffredin iawn. Er nad yw tynnu ffotograffau o angladdau yn rhywbeth a wneir heddiw (ac eithrio tynnu lluniau o'r blodau), mae enghreifftiau o orymdeithiau angladddol yng nghasgliad Harries.

EVENTS

There are hundreds of events recorded in the collection, though time has obliterated the evidence for when and where the vast majority occurred. Nonetheless, although the detail may be lost, the images themselves remain to provide us with an impression of how it was to live and play in the first half of this century.

Part of the staple diet of photographers to this day is concerned with recording ritual 'rites of passage', especially weddings. While the photographing of christening ceremonies is common nowadays, evidence suggests this was not so in D. C. Harries's time, though photographs of infants are common. While the photographing of everyday funerals is rather taboo today (though not so the floral tributes), there are examples of funeral processions in the Harries collection.

61. Grŵp priodas, tua 1930.

62. Stryd Rhosmaen wedi'i haddurno'n hardd ar gyfer priodas bwysig.

61. Wedding party, c.1930.

62. Rhosmaen Street extravagantly adorned in celebration of a high society wedding.

63. Portread da o faban, tua 1930. Roedd y llun cyntaf a gymerid o'r plentyn yn garreg filltir deuluol bwysig. Gellir yn hawdd ddychmygu pa mor anodd oedd denu sylw'r plentyn am gyfnod digon hir i'r llun gael ei dynnu gyda chamera araf.

64. Gorymdaith angladdol y tu allan i Fwyty Brynawel, Ffordd Newydd, Llandeilo, tua 1920.

63. Well composed portrait of an infant c.1930. The first photograph taken of 'baby' was an important family milestone. One can well imagine the fuss needed to attract the child's attention long enough for a likeness to be taken with the slow camera.

64. Funeral procession outside Brynawel Restaurant, New Road, Llandeilo, c.1920.

65. Gwibdaith, efallai, i aelodau ysgol Sul neu'n fwy tebygol, cyfarfod o deulu estynedig, tua 1935. Sylwer ar yr arwydd Cymraeg, 'Moses Bach'. Nid oes unrhyw arwydd o'r Gymraeg i'w gweld yn y rhan fwyaf o ffotograffau Harries. Sylwer hefyd ar y sgidiau hoelion a wisgid gan y ferch fach yn y rhes flaen.

66. Siarabang y tu allan i Garej Griffiths, Stryd y Bont, tua 1920. Byddai taith o'r fath - trip y 'Byffalos' a oedd yn arfer cwrdd yn nhafarn yr 'Half Moon' yn y cyswllt hwn - wedi bod yn ddigwyddiad pwysig iawn i bawb. Byddai'r daith yn un araf ac anghyffyrddus iawn; nid oedd i'r siarabang foethusrwydd bysiau heddiw.

65

65. An outing, possibly of a Sunday School but more likely the gathering together of an extended family, c.1935. Note the Welsh language sign 'Moses Bach'. Welsh is visibly absent from the vast majority of Harries's photographs. Note also the hob nailed boots worn by the little girl in the front row.

66. A char-a-banc outside Griffiths' Garage, Bridge Street, c.1920. Such a trip - in this instance the Buffaloes who met at the Half Moon Tavern - would have been a most memorable event for all those concerned. The ride would have been slow and extremely uncomfortable, not least due to the rudimentary suspension and solid tyres.

67. Car wedi'i addurno. Mae'r baneri a gwisgoedd y bobl yn awgrymu dathliad i nodi diwedd y Rhyfel Byd Cyntaf.

68. Hysbysfwrdd yn dangos cymysgedd amrywiol diwylliant yn 1912 - eisteddfodau lleol a chapel ochr yn ochr â Syrcas, ac wedi'i guddio yn y cefndir, hysbysiad am gyfarfod i drafod ffyrdd o goncro'r ddarfodedigaeth. Er bod y Gymraeg yn amlwg ym mhosteri'r eisteddfodau, prin oedd y defnydd o'r iaith mewn cylchoedd eraill.

67

67. A well adorned motor car in festive arraignment. The laurels, flags, and dress of the occupants suggest a celebration to note the end of the First World War.

68. A notice-board proclaiming a heady mix of 1912 culture - local and chapel eisteddfodau next to a Circus, and hiding in the background, the announcement of a meeting to discuss the eradication of Tuberculosis. While the Welsh language is conspicuous in the eisteddfodau posters, it is hardly visible in any other spheres of promotion.

69. Henry Richman a Dick Merrill yn sefyll o flaen yr awyren 'Lady Peace', yn dilyn eu taith lwyddiannus ar draws Môr Iwerydd yn 1936. Bu'n rhaid i'r awyren lanio yn Glan-rhyd ar Fedi'r 3ydd.

70. Band Jazz Dr. Pimpo, Llandeilo, tua 1930. Roedd bandiau jazz 'go iawn' a grwpiau cárnifal yn nodwedd bwysig o fywyd yn y de diwydiannol ac ymhellach i ffwrdd, fel y dengys y ffotograffau hyn. Roedd y bandiau yn doreithiog iawn, yn enwedig yn ystod blynyddoedd y dirwasgiad, pan oedd ychydig o adloniant yn gymorth i wynebu bywyd caled y cyfnod.

69. Henry Richman and Dick Merrill standing before the aeroplane 'Lady Peace', following their successful flight across the Atlantic in 1936. The aeroplane was forced to land at Glanrhyd on September 3rd.

70. 'Dr. Pimpo's' Jazz Band,' c.1930. 'Proper' jazz bands and carnival troupes were a notable aspect of life in the industrialized south and further afield as these photographs prove. Bands were prolific especially during the years of the depression, when they brought light relief and entertainment to otherwise harsh lives.

71. Band 'go iawn'. Band proffesiynol iawn ei ymddangosiad yn y stiwdio, tua 1935.

72. Meri-go-rownd anhysbys. Fersiwn braidd yn dlodaidd o'r meri-go-rownd, ond er hynny yn gyfle i gael dipyn o hwyl a mwynhad, mae'r siwr.

71. The real thing. A very professional looking dance band in the studio, c.1935.

72. Unidentified merry-go-round. A rather impoverished version of the merry-go-round, lacking the artistry and sophistication usually associated with such contraptions, but no doubt providing just as much merriment.

72

73. Siop y Star, Garnant. Lleoliad lladrad a llofruddiaeth erchyll ym mis Chwefror, 1921. Tynnodd Harries nifer o luniau o'r fan, a hyd yn oed lun o'r corff, yn dilyn *post-mortem*. Fe'u tynnwyd, fwy na thebyg, fel cofnod ar gyfer ffeiliau'r heddlu. Roedd hi'n arferol yn y cyfnod hwn (ac yn wir hyd at ganol y 1950au) i'r plismyn lleol alw am arbenigwyr o Scotland Yard i ddelio â throseddau difrifol. Dyma gyfieithiad o ran o adroddiad yr *Amman Valley Chronicle*: "... cafodd ei daro â chroes brwsh a'i drywanu â chyllell a ddefnyddid yn y siop ar gyfer tynnu esgyrn o gig mochyn. Cyrhaeddodd yr Arolygydd Nicholls a Sarjant Cummings o Scotland Yard ddydd Mawrth i ymgymryd â'r achos." Er i wobr sylweddol gael ei chynnig ar y pryd, nid yw'r achos wedi ei ddatrys hyd heddiw.

74. Lleoliad y llofruddiaeth.

73. The Star Supplies store, Garnant. The scene of a robbery and horrific murder in February, 1921. Harries took a number of photographs of the crime scene, and even a picture of the corpse following a post-mortem. These were almost certainly produced as a record for the police files. It was the custom of the period (indeed up to the mid 1950s) for a local constabulary to call in experts from Scotland Yard to deal with major crime. *The Amman Valley Chronicle* reported: "...[he] was bludgeoned with a broom handle and stabbed with a knife used in the shop for boning bacon. Inspector Nicholls and Sgt. Cummings arrived on Tuesday from Scotland Yard to take the case over." Despite the offer of a substantial reward at the time, the case remains unsolved.

74. The murder scene itself.

75. Ymladd tân mewn bwthyn anhysbys. Cyn amser y ffôn a'r injan dân, mae'r adeilad hwn wedi llosgi yn ulw, er gwaethaf ymdrechion cymdogion. Saif y bobl leol o'i flaen yn eu dillad dydd Sul, yn brudd, â bwcedi yn eu dwylo, gyda'r mwg yn codi o'r lludw.

76. Damwain bws. Mae bws Daimler o Rydaman i Landeilo yn taro Pont Llandeilo ar ddiwrnod marchnad; bu bron i nifer o'r teithwyr gael eu lladd. Yn ystod hanner cyntaf y ganrif, ceir adroddiadau cyson mewn papurau newydd megis yr *Amman Valley Chronicle* a'r *Carmarthen Journal* am ddamweiniau ar y ffyrdd, yn enwedig gyda beiciau modur a bysiau.

75. Fire fighting at an unidentified cottage. Before the time of telephones and fire tenders, fire has gutted this dwelling, despite the efforts of all around. The local folk, dressed in their Sunday best, stand before it forlorn, buckets in hand, while smoke rises from the ashes.

76. Omnibus accident. The Ammanford - Llandeilo Daimler bus crashes through the parapet of Llandeilo Bridge on market day, the passengers narrowly escaping death. Accidents involving vehicles, especially motor cycles and buses were reported regularly in such newspapers as the *Amman Valley Chronicle* and the *Carmarthen Journal* during the first half of the century.

CLUDIANT

Un o ddatblygiadau mwyaf dylanwadol a dadleuol y ganrif yw'r cynnydd mewn systemau cludiant o bob math. Tra bo protest ac anghydfod fel petaent yn rhan annatod o ddatblygiad ffyrdd a rheilffyrdd heddiw - felly yr oedd hefyd yn y dyddiau a fu. Dioddefodd tollbyrth ardal Llandeilo ymosodiadau lu gan Ferched Beca.

Bu Twm o'r Nant, yr anterliwtiwr enwog, yn byw am rai blynyddoedd mewn tollborth unig tebyg ger Llandeilo. Mae'n sôn am ei fywyd yno mewn modd iasol: "Ni a fyddem yn gweled llawer yn y nos yn myned trwodd heb dalu; sef y peth a fyddent hwy yn ei alw yn gyheureth neu ledrith; weithiau *hearses* a *mourning coaches*, ac weithiau angladdau ar draed, i'w gweled mor amlwg ag y gwelir dim, yn enwedig liw nos. Mi welais fy hun, ryw noswaith, *hearse* yn myned trwy'r *gate*, a hithau yn nghauad; a gweled y ceffylau a'r harnes, y *postillion* a'r *coachman*, a'r siobau rhawn fydd ar dopiau *hearses*, a'r olwynion yn pasio'r ceryg yn y ffordd fel y byddai olwynion ereill: a'r claddedigaethau yr un modd, mor debyg, yn elor ac yn frethyn du, neu os rhyw un ieuangc a gleddid, byddai fel cynfas wen; ac weithiau y gwelid canwyll gref yn myned heibio. Unwaith pan alwodd rhyw drafaeliwr yn y *gate*. Edrychwch acw, ebr ef, dacw ganwyll gorph yn dyfod hyd y caeau o'r ffordd fawr gerllaw; felly ni ddaliasom sylw arni yn dyfod, megys o'r tu arall i'r lan; weithiau yn agos i'r ffordd, waith arall enyd yn y caeau; ac yn mhen ychydig bu raid i gorph ddyfod yr un ffordd ag yr oedd y ganwyll; oblegid fod yr hen ffordd yn llawn eira." *Hanes bywyd Thomas Edwards y bardd* (alias *Twm o'r Nant*). Caernarfon: H. Humphreys, d.d.

Tynnodd D. C. Harries a'i Feibion luniau llawer o gerbydau diddorol; digon efallai i haeddu cyfrol arbennig rywddydd.

TRANSPORT

One of the greatest yet most disputed developments around the world during this century has been the growth in transport systems of all kinds. Protest and dispute today seem to be an inevitable by-product of road and rail development; so it was in years gone by. Turnpikes in the Llandeilo vicinity once suffered greatly from attacks by Rebecca's Daughters.

The poet Twm o'r Nant lived in a remote turnpike near Llandeilo for several years. His account of life there is quite eerie: "We would see a great many during the night passing through without paying, that is what they would call a phantom or apparition, sometimes hearses and mourning coaches, sometimes funerals on foot, seen as clearly as anything can be seen especially at night. I saw one night a hearse passing through the gate while it was shut, and saw the horses and harness, the postillion and coachman, and the trimmings that are on the top of hearses, and the wheels passing the stones on the road as other wheels do: and the cortege in the same manner so akin, the bier and black cloth, or if it was a youngster being buried, it would be as a white sheet, and sometimes a stout candle would pass by. Once, when some traveller called at the gate. Look thither, he said, there's a corpse candle coming through the fields from the main road nearby, so we looked at it approaching, as if from the opposite bank, sometimes near the road, other times a while in the fields; and in a short time a corpse had to follow the same route as the candle, for the road was blocked with snow". Translation from *Hanes bywyd Thomas Edwards y bardd* (alias *Twm o'r Nant*). Caernarfon: H. Humphreys, n.d.

D. C. Harries and Sons photographed many interesting vehicles, sufficient perhaps to warrant a dedicated volume one day.

77. Tollborth Ffynnon Saer. Un o blith nifer o ffotograffau o'r 'tyrpeg' yn y casgliad; dengys yr enghraifft hon effaith tamprwydd ar y negydd. Dengys ffotograffau diweddarach yr adeilad yn dirywio, gyda'r bwrdd prisiau wedi'i symud.

78. Gorsaf Llanymddyfri, Rheilffordd Llundain a'r Gogledd Orllewin, tua 1910. Yn sgil dyfodiad y rheilffyrdd, newidiodd bywyd, masnach a disgwyliadau'r bobl yn ddramatig, hyd yn oed yn yr ardaloedd mwyaf diarffordd.

77

77. Ffynnon Saer Turnpike. One of several views, this example shows the effect of damp on the negative. Later photographs show the building in decline, with the tariff board removed.

78. Llandovery Station c.1910 on the London & North Western Line. The expansion of the railways changed life, commerce and expectations dramatically, even for the remotest areas.

78

79. Gweithwyr ffordd gyda Rholer Stêm Aveling 8 Poter yn 1900. Yn sgil gwelliannau yn y rhwydwaith ffyrdd a'r cynnydd mewn trafnidiaeth, roedd hi'n anorfod y byddai'r rheilffordd yn dirywio fel y prif ddull o gludo defnyddiau a nwyddau dros bellter maith.

80. BX191 Hispano Sueza 12/16 h.p. lliw gwin o 1919; BX232 Knight Daimler glas 1912, 38 h.p. a BX240 Daimler *Landaulette* 20 h.p., 1912 coch a du, y tu allan i Neuadd Fawr, Cil-y-cwm, Llanymddyfri. Roeddent i gyd yn eiddo i deulu'r Campbell Davys.

79. Roadmen with Aveling 8 Poter Steam Roller in 1900. The improvement in the road network and the increase in traffic spelled the inevitable decline of the railway as the primary means of transporting materials and goods long distances.

80. BX191, a claret 1919, 12/16 h.p. Hispano Sueza; BX232 a blue 1912, 38 h.p. Knight Daimler and BX240 a claret and black 1912, 20 h.p. Daimler Landaulette outside Neuadd Fawr, Cil-y-cwm, Llandovery. All were the property of the Campbell Davys family.

81. Tri yn cael hwyl ar gefn beic modur cynnar, y tu allan i'r efail yng nghefn Tafarn y Railway.

82. Credir mai James 2¼ h.p. 1915 yw hwn; bu'n eiddo, yn ei dro, i Arrol Davies o Ddinbych-y-pysgod, Luther Davies o'r Garnant (1916) ac yna i Thomas Davies o Frynaman (1916).

81. The Three Stooges aboard an early autocycle, outside the smithy at the back of the Railway Tavern.

82. Believed to be a 1915, 2¼ h.p. James, variously belonging to Arrol Davies of Tenby, Luther Davies of Garnant (1916) and thence to Thomas Davies of Brynamman (1916).

82

83. Tair lorri dracsiwn stêm hardd a wnaed gan Mann's o Leeds; eiddo William Jeffrys, contractiwr o Landeilo. Sylwer nad oes unrhyw fath o deier ar ddwy ohonynt.

84. Beic modur a cherbyd ochr, 3½ h.p., 1920, a gofrestrwyd gyntaf i Jack Jones o Waun Cae Gurwen, yn sefyll yn Heol y Cilgant.

83. Three beautiful steam driven traction lorries made by Mann's of Leeds, belonging to William Jeffrys, contractor of Llandeilo. Note the lack of any kind of tyres on two of the models.

84. A 1920, 3½ h.p. combination, first registered to Jack Jones of Gwaun Cae Gurwen, standing in Crescent Road.

85. Mr. Luigi Balbini gyda fan hufen iâ Alberto a Lupi. Ford 2 silindr ydoedd, a adeiladwyd yn y Tymbl a'i phaentio yn Llanelli. Yn ystod misoedd y gaeaf fe'i defnyddid fel fan i werthu pysgod a sglodion i lowyr awchus Pwll y Mynydd Mawr, y Tymbl. Daeth ei gyrfa i ben pan aeth ar dân y tu allan i'r pwll, a bu Mr. Balbini yn ffodus i ddianc ohono'n fyw.

86. Alvis 'Cynffon Hwyaden' 12/50, 1924, y tu allan i'r hyn a oedd gynt yn Gapel Wesle Llandeilo. Er gwaethaf yr olwg chwim, 60 milltir yr awr yn unig oedd cyflymdra uchaf y car.

85

85. Mr. Luigi Balbini with the Alberto & Lupi ice cream van. A 2 cylinder Ford, coachbuilt in Tumble and painted in Llanelli, it was used as a fish and chip van during the winter months, selling to the hungry miners of the Great Mountain Colliery, Tumble. It eventually caught fire outide the colliery, Mr. Balbini barely escaping with his life.

86. A 1924, 12/50 'Duck Backed' Alvis outside the former Weslyan Chapel in Llandeilo. Despite the sporty looks, the car was only capable of a top speed of 60 m.p.h.

87. Ceir ar gyfer eu llogi y tu allan i Garej Roberts, Ffordd Aberhonddu, Llanymddyfri. Ford *Landaulette*, 20 h.p. 1912, glas tywyll, yw BX216, a Ford 20 h.p. yw BX224, eto yn las tywyll.

88. Cerbyd o eiddo Isaac Haley, Glanbrân, efallai. Ni wyddys ddim am y teithwyr, ond mae'r ffotograff hwn yn dweud llawer, nid yn unig am deithio cynnar mewn 'cerbydau digeffyl' (gyda'u teiers caled), ond hefyd am natur cymeriadau cefn gwlad.